지도에 없는 방

시와문화 시집 66

지도에 없는 방

주선미 시집

시와문화

■시인의 말

하루가
까마득했던 날들이 있었다
그래서
잊어버린 줄 알았다
내 속에 숨어 있는 시어들,
봄 소풍 때 모래땅에서 보물을 찾듯,
찾아낼 것이다

2022년 12월 주선미

|차례|

2부 : 낙지에게서 한 수 배우다

3부 : 신수동 작은 빵집

4부 : 갯벌 신화

1부

니 맘 다 안다

11월, 그 저녁

사진 한 장에 묻어온
기억 속 어느 지점, 내 유년의 마당
거기쯤, 있을 늦가을
생각을 한다

마른 잎들 바스락거리며
담 밑으로 모여들기 시작하면 엄마는
누런 콩 가마솥에 붓고
메주 만들 준비에 들어갔다

장작을 가득 문 아궁이
마른 솔잎에 불붙이면
마지막 남은 늦가을이 한꺼번에 타올랐다
솥뚜껑 틈새로
콩이 끓어오르면
부뚜막에 앉은 네 명의 남매 쫑알거리는 소리
엄마의 웃음소리
아버지의 헛기침

할머니는 휘휘 저어 놓았다

고구마 한 바가지
펄펄 끓어오르는 콩 속에 넣고
가마솥 뚜껑을 덮으면
그 안에서는 무슨 일이 벌어질까
왜 그렇게 궁금했는지

군침 넘어가는 그 저녁
고구마 단물 끈끈하게 달라붙도록
부엌에서 익어가던 이야기들

그 저녁의 온기로
내 청춘은 키가 자랐고
배고픈 저녁을 견뎠고
책을 읽었다

안부처럼 사진 한 장에 묻어온
유년의 늦가을 저녁

가장

헝겊으로 동여맨 칼자루는
남자의 세상을 지키는 마지막 수단이다

바다에서 건져 올린 물고기 대신
얕은 산비탈에서 건져 올린
고구마 몇 알

썩은 부분 도려내는 칼끝,
치밀하다

바다를 호령하던 힘으로
아궁이 속에서 활활 타오르는
열기, 뒤집는 남자의 팔뚝

휘감아 오르는 불꽃 사이

몇 번 엎어졌다 일어선 남자의 평생이
언뜻언뜻 보인다

운여를 만나다
-화성에서 만난 메타버스 공간

내 유년의 중심 운여*
그 깊은 소용돌이 속으로
꺼지듯 빨려들어 간 적이 있다

물 밖으로 나가려고
얼마나 안간힘을 썼는지 모른다
얼마나 빙빙 돌았는지 모른다

손을 뻗으면 달아나고
또 달아나던 출구
골짜기에서 자꾸만 밀려드는 바닷물
검은 구멍은 자꾸만 작아지고
주변 맴돌던 아득한 소리
우우웅 우웅 우우웅

엄마 젖을 빨던 힘으로
출구를 향해
물고기처럼 튀어 올랐을 때

물 밖에서는
아무 일도 일어나지 않고 있었다

여전히 엄마 바구니에선
바다가 들썩였고
바지락 등 비벼대는 소리
온 바다를 흔들고 있었다

사십 년 항해 끝에
그날의 바다를 만났다

바닷물 속 깊이 박힌 햇살
아래로, 또 아래로
소용돌이를 일으키고

빨려 들어가지 않으려고
물을 거슬러 오르는
콕콕 박힌 구멍들

출구를 향해

물살을 가르는 작은 손

소용돌이 거슬러
튀어 오르려는 유년의 바다

*안면도 바다 아래에 있는 바위 숲

엄마 가슴에는 새 한 마리 산다

엄마 생일이라고 동생들이 안면도 내려와서
밥하고 반찬 만드는 동안
밤새 시 쓴다고 헛짓만 하다
갯바닥에 깔린 노을을 보며 마당으로 들어섰다

잘 되는 게 아무것도 없어
가족들 볼 면목이 없어진 나
큰딸이라는 무게, 짓눌려 어깨가 펴지지 않는다

목구멍으로 꾸역꾸역 밥을 밀어 넣는데
큰누나는 챙길 사람도 없으며
왜 그렇게 늦게 오냐
그러려면 다음부터 오지 마라
막내동생 밥알 튀겨가며 나무란다

옆에서 수저만 달그락거리던 엄마
이야기를 끊느라
미역국을 더 달라고 하는데 말끝으로
쌕쌕 소리가 딸려 나왔다

기운이 없거나
기분이 나빠졌을 때
숨이 차 오르기 시작하면
엄마 가슴에 사는 새들은
쌕쌕 소리를 낸다

큰딸은 살림 밑천이라는데
살림 밑천과 너무나 멀다
늘 엄마 가슴에 통증으로
못처럼 박혀 있는 나를
엄마 가슴에 사는 새는 아는 것이다

지도에 없는 방

도시 지하 주차장에 딸린 화장실
문을 밀고 들어서다가
흠칫 놀라 물러섰다

화장실 바닥 한쪽에 라면박스 깔고 덮고
등을 보이는 사람

쭈뼛쭈뼛 눈치보다 볼일 보고 나오는데
저 사람 신경은 어디에 닿아 있을까
생각했다

문 여는 소리
다가오는 발걸음 소리
소변 떨어지는 소리

저이의 곤두선 신경은
얽히고설킨 도시 지하
꾸불꾸불한 지도 그리며
숨어들어야 할 지점 찾진 않았을까

음흉한 눈길 어디 없는지
샅샅이 훑고 다녔는데
그만의 꿈꾸는 성에 침입한 자
내가 아닐까

구석진 다락방에 들어가
나만의 성을 쌓던 유년이 있었다

아무도 초대하고 싶지 않았던
내 정신의 천정

카르마
-국립 현대미술관 전시회에서

어깨 위에 사람
또 어깨 위에 사람 또, 사람
사다리인 듯
층층이 쌓인 업보
어깨 위 짐, 조상이라니

축 처진 아버지 어깨를 볼 때마다
면목이 없었는데

언젠간 부모님 업보를
내 어깨에 짊어질 날 오겠구나

나는 또 어느 지점에서
내 아이의 어깨를 짓누르게 될까

자식 앞날 밝게 해 주려고
밤이고 낮이고 눈에 불을 켰었는데

새끼들 어깨 위 짐, 나였다니

디아스포라

벽을 세운 같은 극의 자석
사방으로 세운 도시

떠밀리고 또, 떠밀리다
낱낱이 흩어져
불빛 떠도는 한강 복판으로 들어온 너는

돌아가고 싶은 곳은
버석거리는 모래집

뿌리내리고 싶은 도시는
검은 속을 드러내지 않는 바다 위

입안의 혀처럼 눈빛을 건너다니지만
얇은 바람에 흔들리기만 할 뿐

세밑 구석진 골목
어딜 찾아봐도
정착할 곳 없는, 이방인
뿌리내리지 못하고 떠돌아야 하는,

적란운

어느 소수 민족 뿌리일까

줄지어 이동하는 개미들
몇 번 뒤집혔다가 엎어졌을
저들의 역사
바로 세워진 지점
찾아 이동하는 것일까

큰아이 태어남으로 시작된
내 역사,
마지막 엔터키를 치는 짜릿함

새로운 세계로 진입한다는 것이
사각의 링 안에
나를 가두는 것이라는 걸
그때는 몰랐다

맑은 하늘이 있기는 했던 걸까
피곤이 더께 진 하루하루
어떻게 살아도

단비 한 번 내리지 않았다

카운트다운은 끝이 나고
사각의 링에서 그만 내려와야 하는데
링 밖은 더 어둠이다

적란운 이동 중

니 맘 다 안다

엄마랑 동생 둘이랑 카톡을 하는데
여동생은 재벌그룹에 취직한 딸 이야기
남편이랑 경의선숲길 산책하다
국수 거리에서 국수 먹는 이야기들
톡톡 올라간다

일식집 하는 남동생은
한 끼 지날 때마다 기백이 넘게 팔았다더니
오늘은 재료가 일찍 떨어져
산에 오른다고 찍은 사진
몇 장씩 올라간다

하루가 보이지 않게 까마득한 나는
단톡방에 올릴 이야기는 없고
엄마 목소리라도 들으려고 전화를 걸었다

'엄마, 나는
밤새….'

'그려 얼마나 걱정이 많으면 밤새 잠을 다 못 잤겄냐

니 맘 다 안다' 한다

책속에는 는 무엇이든 디 있디는데
그 보물은 내 눈에 보이지 않는다

아마도 보물은
천상의 영역에 있는 것 같다

새벽까지 아무리 찾아도 보이지 않는다

달의 난간

칼날을 밟고 살았다고 했다

그날 보따리 하나 들고
시댁에서 신혼을 차린 딸을 찾아온 엄마는

허옇게 가죽이 점점이 들고 일어나는
황토흙 묻은 단화에
색이 바랜 잠바를 걸치고
보따리 하나 들고
대문 안으로 들어섰다

시어른들께 부끄럽기도 하고
울컥 목에 걸리는 것도 있고

아무 말 없이 찬물만 들이켜던 엄마
오밤중이 돼서야 집안일 끝내고 엄마랑 누웠다

'젊음도 잠깐이더라. 죽어라 일만 하다 보니 달거리도 끝나고 부부관계 하는 것도 끝나더라 달거리 할 때는 몰랐는데 끝나니 알겠더라 거기 기대서 평생을 살았더라'

엄마 나이가 되니
나도 엄마와 다르지 않다는 걸 알겠다

밤 열두시 라면을 끓이는 이유

먹을 것을 찾다가
라면을 끓였다

간단히 꾸린 살림이라 김치도 없고
아침에 끼적거리다 말았던
김치찌개 냄비째 상에 올려놓았다

냉장고 문을 열어
차가운 곳에 유폐시켰던
밥 한 덩이 꺼냈다

며칠째 모른 척했다고
삐친 애인처럼 독이 올라 곤두서 있다

뜨거운 라면에
다독다독 풀어 밥 한술 뜨는데
눈물이 왈칵 쏟아진다

주인이 실종된 번지에
뿌리 없는 언어들

검푸른 형용사로 자라났으나
마음에 두지 않았다

조금만 더 힘내자고,
쓰러지지 말자고,
서로 등 기대고 스크럼을 짰다
무엇을 이룬다는 게 이런 것이구나

모두 내려놓고 빈손으로 돌아섰다
그런데, 어디서 놓지 마라 한다
욕심을 채우라 독촉한다

내 배후에 누군가 있는 것이 틀림없다

금강의 새벽

몇 겁의 시간
물속을 돌고 돌아
새벽을 흔들고 있는 금강

한쪽 발목 강물 속에 깊이 박은
맑은 눈의 왜가리
물의 주름 낱낱이 파헤치고 있다

수직으로 세우는 신경은
타고난 사냥의 기술
순간,
낚아채야 했으므로
피라미라도 건져 올려야
주린 배를 채울 수 있었으므로

달그림자에 기댄 왜가리
불빛보다 붉어진 눈으로
새끼들은 꼭 빛의 중심에 서게 하리라

그렇게 새벽을 읽는 것이다

2부
낙지에게서 한 수 배우다

무녀도
–김기창 화백 그림 제목

째진 그녀의 눈을 보았는가

암막에 가려진 비밀까지
샅샅이 찾아내는 눈초리,
칼이다

둘러쳐진 게 많을수록
세가 불어나는 여자

옹송그린 세상 틀어쥐는 힘,
쩌렁쩌렁한 목청,
그 누구도 따라갈 자 없다

막힌 귀 뚫리라고 흔드는 요령 소리
알록달록 치장한 무복
부채 가득 저승을 펼쳐 든다

신명이라고 받아 든 생전 구차한 시간
작두날에 베어 낸다

듣지 못하는 화백의 손
화선지 위 내밀한 무녀의 세상
하얀 선 밖으로 밀어내지 못한다

뼈대에 대하여
-이중섭 전시회에 다녀와서

지탱한다는 것은 무엇일까

기둥으로 선다는 것
온몸의 힘을 지탱하는 일이었으므로
간신히 이어진 좁은 산길
길 끝에 전부를 걸었다

합판에
맨 종이에
담뱃갑에 그리고
좁은 엽서 가득
글씨로 그림을 그렸다

냉기 올라오는 구들장에 누인
등뼈 시린 12월
따뜻함을 가장한 노란 엽서

아빠는 잘 지낸다
빈 굴뚝에 헛연기

모락모락 피워 올려 안부를 전했다

뼈대 있는 가장으로 서고 싶었으나
이제 빈 뼈만 남은 가장

바람 한 점 막을 수 없는 정릉 산골짜기
몰아치는 눈보라 속
아내의 봉인된 엽서
무게에 휘청인다

어느 쪽으로도 기울 수 없는 가장
단단한 기둥으로 서고 싶었으나
남은 뼈의 무게
길 끝에서 멈춘

아버지의 전화

원고 정리하느라 정신없는데 전화가 왔다
지역번호까지 찍혀 있어
통화버튼을 누르고도
한참을 머뭇거리는데
아버지 이름 말하면서 치과라고 한다

어르신이 치료 시기를 놓쳐서
발치하고 임플란트까지 하려면
돈이 많이 들어간다고 한다
아버지가 돈 많이 들어가는 거면
딸한테 물어봐야 한다고 해서 전화했단다

기골이 장대했던 아버지였다
듣는 귀가 언제부터 어두워졌는지
엄마와 얘기를 할 때는
기차 화통을 삶아 먹은 것 같다

전화하는 것도
전화 받는 것도 싫어한다
고집은 얼마나 센지

전화할 일 없다고
남들 다 갖고 있는 휴대폰도 싫다는 아버지였다
'큰애냐?'
'…'
'애비다!'
'미안하다!'
'…'
수화기 너머 늙은 아버지
슬리퍼 소리 저릿저릿 끌고 간다

가벼운 것들의 단상*

사인은 투신으로 인한 장기 손상 후 호흡곤란

듬성듬성 사람이 선 간이역
가볍기만 하던 퍽퍽한 삶 하나
선로 위에 구겨진 채 나뒹굴고 있다

팽 돌아서는 회오리 뒤따라 선로 위에 몸을 던졌다고도 하고
쓰나미처럼 덮친 회오리에 변을 당한 거라고도 했다

실로 눈 깜짝할 사이 벌어진 일이었다고들

날마다 뜨거운 물 뒤집어쓰고
또 어느 날엔가 차가운 물에 치를 떨기도 했다고
날마다 늘어나는 치사량의 커피로 밤잠을 설치기 일쑤고
또 어느 날이었던가
지나친 과음으로 인해 뒷골목 전전했다는 소리 들렸었다

하루도 몸을 편히 둘 수 없는 값싼 삶

오늘도 종종거리며 기차 타려고 온 여자
언 몸 녹이라고 뜨거운 어묵 국물 한 잔 내준 것이 화근이었단다

그 여자 온몸을 질겅질겅 씹었다고 한다
더럽다고 성질을 내고 나갔다고 한다

그러지 않아도 팍팍한 삶
마음마저 만신창이로 만들었다고 했다

선로 위 붉은 립스틱 자국 선명하다

*종이컵의 무게에 대하여

초복

코로나19로 수입이 줄어든 것만큼
고지서 독촉장 우편함에 겹겹이 쌓여
축 늘어져 있는 날

햇빛도 나지 않는데
너무 덥다 했더니
초복이란다
남당리 바닷가
파도 소리 들으며 밥이나 먹자고
친구가 찾아왔다

이열치열이라고
뜨거운 생선찌개를 주문해 먹었다
끈적한 땀
목으로 등으로 달라붙고
바깥 공기 쐬면 좀 나을 것 같아
마당으로 나왔다

갯벌과 붙어 있는 해당화 진 자리

어느새
씨알 굵은 여름이
붉게 익어가고 있었다
'풀벌레 소리 들리죠'
아무리 귀를 열어도 들리지 않았지만
시인이니까 끄덕끄덕하였다

시를 쓴답시고
몇 년 골머리 썩어도 생각하지 못했던 말
그녀 입에서 나왔다
'난 항상 7월의 여름에서 가을을 봐요'
'가을 소리 들리지요' 한다

해당화 향기 간직한 그녀
가슴속에
시집 한 권을 눌러두고 있었구나

모빌

나비들 틈 사이 날아다니는
갓난아이 눈빛을 보았는가

가벼움과 무거움의 축 저울질하느라
진양조로 내두르다가
휘모리로 몰아치는 장단

나비 날개의 저속 비행과 수평을 이루는
움직임과 추 사이
균형 맞춘 시선, 팽팽하다

발갛게 달아오른 얼굴
용을 쓰다가 가붓이 든 나비 잠

떠들썩한 왕국 건설한 꿈속 세계

평정하고 이제,
되었다는 듯
동심원처럼 퍼지는 저 미소,

하얀 나비

엘리베이터 타려고 섰는데
하얀 리본 하나
발목을 잡는다

누군가 또 길을 떠났군

기억이 가뭇한 아이 때
엄마 머리에 꽂은 하얀 리본
속으로 얼마나 갖고 싶었는지 모른다

살다보니
그 하얀 리본 나도 꽂게 되는 날이 자주 닥친다

죽는다는 건
하얀 나비 한 마리 가슴에 묻는 일

벚꽃 펄펄 날리는 사이
나비 날고 있다

어느새 그 경계선에 선 내가 보인다

공중전화

6호선 광흥창역 4번 출구
그곳을 지나다 보면
벽에 걸린 공중전화
벽 밖으로 한 걸음
내딛지도 못하고
고 조그만 틈새로 보고 있다

동전 몇 개 들고
공중전화로 달려가던 봄이 있었다
초침보다 빠른 속도로
동전을 먹어치웠던 공중전화

딸깍딸깍, 동전 떨어지는 소리 들으며
수화기 속에 담는 말
조사 떼고 혀를 눌러 담느라
얼마나 조급했던지

결정적인 순간
간신히 목구멍 넘어가던 목소리
자동차 경적에 묻히고

여보세요
몇 번 하는 동안
동전 쥔 손은 점점 헐거워지고

동전만큼 들을 수 있었던
네 목소리
동전이 바닥나면
공중전화 저쪽
네 손이 닿을 것 같아
온몸의 털이 먼저
쭈뼛 일어서던 그때

단 한 번의 터치로
옆에 있는 듯 숨소리 들리고
수시로 켜지는 얼굴들
또, 흘러넘치는 말들
눈부신 화면에 전화번호 뜰 때마다

수화기에 다 담기 어려웠던 말 찾으러
85년 봄, 저쪽으로 건너간다

서해대교

서해안 고속도로를 달릴 때마다
쉽게 건너지 못하는 지점이 있다

평택에서 당진으로 넘어가는 서해대교

이 길목을 지날 때면
운전대를 바투 쥐곤 한다

스물의 큰아이
포항에 있는 해병대 입대하고
봄부터 가을까지 외출은커녕
안부도 제대로 전하지 못하던 때

봄엔 천안함 사건 터지고
가을엔 연평도 화염에 휩싸이고
온 나라가 벌벌 떨던,

부대로 전화해도 간 곳은 오리무중
동해의 해병 서해로 건너오고
잠수함에서 출전 명령 기다렸다던 그때

엄마랑 넘나들던 서해대교만 봐도
엄마를 보는 것 같아
평택항 안쪽 담 발판 삼아
몇 번이고, 몇 번이고
펄쩍, 펄쩍,
뛰어 올랐다고 했다

서해대교를 지나갈 때면
푸른 바다 빗금 너머
평택항 잠수함에서
연어처럼 튀어 오르는 큰아이가 있는 것 같아
시선이 해안선을 넘는다

바닷물이 절벽을 뛰어넘고 있다

연어처럼 높이 튀어 올라야
보고 싶은 사람을 볼 수 있어
저렇게 절벽을 뛰어넘는 거라는 걸
이제야 알겠다

라떼 한 잔,

점심을 고기로 먹고 더부룩한 속 달래려고 까페에 들어갔다

라떼 한잔 오천 원이다
오천 원이면
김밥이 두 줄인데,
점심 밥상과 균형을
비교하다가

에이 까짓것
라떼 한 잔쯤이야 하다가

가계부 쓰는 데 재미 붙였다는
작은 애 밥상을 생각한다

바삭한 돈까스 먹으려다가
냉동실 치킨너겟 데워
밥 한술 뜬다는
둘째의 기울어진 점심 밥상

김치는 언니네
쌀은 친정 할머니가
국물은 친정엄마가

미래의 영혼까지 끌어내어
집을 장만해 놓고 보니
아파트 대출이자 갚느라
큰애는 오늘도 초과 근무한다고

가계부는 진작에 위험수위 오르내린다는
큰며느리 목소리, 들린다

라떼 한 잔 그만

모나리자의 미소
-화장지 제품명

컴퓨터를 들여다보다가 눈이 아프면
화장실에 들르곤 한다
그곳에 가면 늘
그녀의 미소가 기다리고 있기 때문이다

급할 때는 그녀도 급한 듯 선을 넘고
혓바닥 좀 길게 빼 물라고
손가락으로 툭 건드려
단번에 끊으려 하면
한 뼘도 허락하질 않는다

급할수록 돌아가라는 옛말이 생각나
살살 다뤄주면 그녀는
언제 신경질을 부렸냐는 듯
부드럽게 저를 다 내어준다
헤벌쭉 웃는다

어느 날
상사한테 혼이 나

화장실에 가서 눈이 붓도록 운 적이 있다
실컷 울고 나오려는데
그녀가 하얀 손을 내미는 것이었다

하늘 한 뼘도 허락하지 않는 사방이 막힌
도시 한복판 시멘트 블럭 안에서
아! 나를 위한
모나리자의 배려

선인장

물기 없이 길어진 꽃대로도
꽃을 피운 선인장

메마른 몸에서 꽃이라니
물기 없이 꽃망울을 터트리다니

문득 부딪친
눈빛이 붉다

지난봄 분양해
잎도 피우지 못한다고
모른 척했었는데

맨바닥에서 난산했다고
눈언저리가 붉어진 까닭이었다

낙지에게서 한 수 배우다

썰물 때가 되면
햇빛 반사되는 집 앞 갯벌은
눈부시다

엄마가 따온 굴 구워 먹는다고
가족들이 모여 안 마당이 들썩였다
돌을 쌓아 망을 걸고
붉은 다라이 가득 담긴 굴
장작불 붙인 곳으로 끌고 오는데
'낙지다'
누군가 소리쳤다

수북하게 담긴 굴 사이사이
숨어든 낙지 찾아
굴착기처럼 파헤쳤다

굴 껍데기 속으로 숨었으니
버티면 얼마나 버틸까
알아서 기어 나올 테니

굴이나 구워 먹자고 했다

활활 타오르는 장작불 위
타닥타닥 벌어지고 있는 굴 껍데기들
뒷담화하느라 바쁜
가시 돋은 혀들로 보인다

시를 쓴다고 도착한 지점
날고 싶은 도시 한가운데였으나
매일 시작하는 행간은 고립의 연속

비집고 들어갈 자리 찾느라
헤집고 또, 헤집었다
그럴수록 단단해지는 벽
뒤로 돌아갈 수 없고
하루를 보낸다는 것이 아득했다

으르렁거리는 장작불과 가시 돋친 혀
연관성을 찾다가
굴 껍데기 속으로 묻어 들어간

낙지 몸통에 생각이 멈춰 섰다

시끌벅적한 소리도 잦아들고
다라이도 붉은 바닥이 드러났다
납작 엎드린 낙지 몸통이 보인다

달라붙어 떨어지지 않는 것을
억지로 떼어 내었다
아픔을 이겨낸 내공
바닥에 착착 새겨져 있다

3부

신수동 작은 빵집

사과

신경을 수직으로 세우는 일

작두를 타듯
위태한 순간들
정맥이 시퍼렇도록 주먹을 꽉 쥐고
이겨내야지
견뎌내야지

선을 넘을 때마다
내뱉지도 못하는 울화
심장 안에서
오르락내리락할 때도 있었고

뜨거운 정오
동그랗게 뭉칠 때도 있었다

타들어 가는 입술로도
인내하고 또, 인내했다

단단하게 들어앉은 속살

늦여름 그늘의 느긋함
비로소 풀어 놓는다

이제 가을로 가는 시간

사각사각 들리는 소리

수렵도
-박노수 그림

사위는 숨을 멈춘 듯
미세한 기척조차 일지 않는다

꽉 막힌 화선지
먹빛으로 빚어 놓은,

여백이 없으므로
출구도 없다

산짐승이거나
날짐승이거나
두 발 달린 짐승이거나
허공을 가르다 만 말의 갈기이거나

묵중하게 덮어오는 두려움, 잠재워보지만
곧 비극으로 치달을 광풍
활활 타오르고 있다

양날의 검

무질서와 혼돈의 허공 내려긋는
순간,

찢어진 장막
폐허의 아수라장

인간의 촉수
물고 물리던 단말마 일 획의 절규
배신의 붉은 피 소스라친다

화선지 밖, 세상은 불통이다

고속 엘리베이터

땅보다 푸른 하늘이 가까운
고층 아파트 가는 길
감정을 드러내선
절대 따라잡을 수 없다
하도급 임금 벌써 몇 달째 밀린
조선소 타워 크레인 쉬지 않아도
한여름 땅바닥 청소 가까스로 끝내고도
샤워실 하나 내달라는 아우성
채널 어긋난 라디오 잡음쯤으로 여겨야 한다
여유 부릴 시간,
절대 없으므로
분양 정보 발설은 절대 금물
친절한 만큼
친구와 통장 무게
하늘과 땅 차이
퉁퉁 분 젖, 냉동보관
플라스틱 통으로 전달되는
엄마의 사랑
당연하게 받아들여야 한다
너에게 젖을 물린 시간만큼

고층 아파트
물 건너갈 수 있어
지금의 최선은
가족을 위해 가족을 모른 척 하는 것
가까운 사람일수록
먼 타인으로 돌리는 것
오늘도 감정 떨쳐내고
씩씩하게 집을 나선다
하루 지나면
위로위로 더 위로 치솟는
고층 아파트 가격
상승 직선 따라잡으려고
내 안에만 있는 지름길
초고속으로 내달린다

산모퉁이 집

저 산모퉁이 돌아가면
산밭으로 들어가는 여자 있었지

산밭은 우거져 있었고
가시나무 잎은 햇살에 반질거렸지

그날은 새벽부터 서늘했었지
산밭은 그녀를 기다렸고

해가 서쪽으로 기우뚱하는 순간,
고구마를 덮은 풀들, 그녀에게 쓰러졌지

뱀의 아가리는 날카로웠지,
오후의 숲은 고요하고
숲은 미끈한 꼬리 감추었지

투두둑 투두둑 쏴아아 소나기를 퍼부어 대는 하늘

비밀은 없는 법
그들의 음모는 일파만파

붉은 피를 타고 퍼져 나갔지

표면으로 드러난 물증
그녀가 돌아오지 못한 집

산모퉁이 빈 집

우리

저 눈빛을 어디서 봤더라

철창에 갇혀
길 한번 쳐다보고
컹컹 짖다가,
뒤돌아서 등을 보이다가,
다시 쇠창살 사이
주둥이 벌려 이빨 세운다

언제 저 밖으로 나갈 수 있을까
처진 눈꼬리
그림자 짙은 눈동자

요양병원 15병동 204호
골반뼈 부러진 줄도 모르고
나 좀 꺼내 달라고
소리소리 지르다가
양 날개 묶여버린 남자

어제의 기억은 안중에도 없고

걷지도 못하는 오늘
고추 따야 한다고 버둥거린다

주사 한 방이면 태풍도 잠재운다

주사 한 방,
우리가 사라졌다

종족 번식의 욕구

수컷과 술은 공통점이 있다

수컷의 본능은 반반한 암컷을 보면
섶을 진 몸으로 불 속도 마다하지 않는다
불나방으로 죽어도 좋으리

그날 주씨의 행동은 남달랐다
이웃의 박씨는 50cc 오토바이 탄다고
박씨도 타는 오토바이 왜 안 사주느냐 떼쓰고
막내딸에게 소리소리 지르는가 하면
이 자식 저 자식에게 전화하기에 이른다

술을 자신 것이다
결국 종족 번식을 하고자 꼬드기는
술의 꾐에 넘어간 것

토끼 같은 막내딸
오늘은 제발 술 먹지 말라는 소리
까맣게 잊어버리고
처박아 두었던 경운기에

시동을 걸었다
술이 술을 먹은 것이다
고구마 같았던 종아리가
오래된 도로처럼 허름해지고
갈비뼈가 부러지고
엉덩이관절에 금이 갔다

술이 삐뚤빼뚤 제 길을 만든 것이다

키즈 카페

키즈 카페에 도착하면 엄마는 해방되지
나도 또 너도
공룡을 잡아먹는 왕 티라노 사우루스
눈을 부릅뜨고 선,
끈을 놓고 방방 뛰지

환상의 나라는 그 시점부터 시작
자작나무 볼풀에도
플라스틱 터널에도

틀을 벗어나 다른 틀을 만난 아이들
피터팬이 되지

자작나무 볼풀에서
씩씩거리는 공에 묻혀
야채가게 생선가게
모두 차려진 시장놀이
덤프트럭 운전은 기본
공처럼 굴러 시공을 오고 가지
구석에 부려 놓은 짐은 아니라고

혼자서도 잘 논다고
이리저리 뛰어다니지
드디어 엄마는 몰입하지
스마트폰 화면은 엄마의 카페

내가 어디로 튀는지
따위 필요 없지
아이는 혼자 자라는 거야
동생 태어나고 난 어른
어떤 일에 서툴면 안돼
형이 그런 것도 못 하면 안 되거든

어깨는 아무리 무거워도 돼
형이니까
내 기분 생각하는 어른은 없어
나는 나야

너도 너야

신수동 작은 빵집

오전 아홉시
아침의 식욕을 자극하는
구수동 2차선 통유리 창문 너머

오븐에서 갓 꺼낸
우툴두툴한 소보로 빵
부드럽게 찢어지는 식빵
푹신한 카스테라
금방 부서질 듯 가벼운 크로아상
달콤하고 담백한 팥빵
굽고 있는 그녀가 보이지

출근하느라 아침도 굶고
뛰어오느라 말초신경까지 낮아진 음계
고음으로 올리는 기술을 가진 그녀

배고픈 우울을 충분히 즐겼으므로
다시 세상을 바꾸겠다는 듯
바삭하게 구워진 아침

땀 촉촉이 밴 그녀의 손
빵 굽는 냄새 가득 찬 세상을 만들지

수제 빵집 그녀 앞에 서면
울엄마 그득하게 차려준
김 푹신하게 올라가는 아침밥

한 그릇 뚝딱 비운 것처럼
눈앞이 아침 창처럼 밝아지지

인형 뽑기

하루살이 뒤엉킨 인형뽑기방
뒤죽박죽 캐릭터 인형들 쌓여 있다
오백원짜리 동전만 있으면
얼마든지 고가의 캐릭터 인형
손에 넣을 수 있다고 유혹한다

집으로 돌아가야 할 시간 뒤로 미루면
살아있음을 맛볼 수 있다고
낚아 올리는 짜릿함 느껴보지 않겠냐고
손목 잡아당긴다

마침내 크레인을 잡았다
인형 뽑기 기술 총동원!

뽀로로는 집게 마구 돌려 뽑기
꼬부기는 집게다리 걸쳐 찍어 눌러 뽑기
피카츄는 머리끄덩이 끌어 뽑기

터득한 기술 발휘하느라
발가락 끝까지

쥐가 나도록 용을 쓴다

건져 올리다 떨어뜨리고,
또 떨어뜨리고
막판에 척, 낚아 올렸더니
맥없이 툭,
바닥으로 떨어진 한숨

캐릭터 인형이 떨어질 때마다
빛을 냈던 인형의 눈빛
헛된 욕망에 갇힌 내 눈빛 교차한다

오피스텔, 엘리베이터

먹구름 내려앉은 오후
곡선이라고는 보이지 않는 도시
주차장도 음식점도 프레임에 갇힌 오피스텔

엘리베이터 벽면

김밥,
마트,
치킨,
피자,
닭발,
냉면,
돈카츠,
스시,
팥빙수,
족발,
삼계탕,
감자탕,
곱떡치떡,

비빔밥,
칼국수,

스티커에 그려진
간당간당한 생계
누구든 밟고 올라서야 살 수 있다고

찰싹 붙어
지하3층에서 15층까지
오르내린다

흠뻑 젖은 라이더
검은 비닐 봉지 양손에 들고
벽면에 기댄다

도로는 지금
집중호우 중

하늘로 가는 물고기

목을 조여오는 황사
육중한 무게 피할 곳 없어
맑은 하늘 찾아가는 길

남쪽 하늘로 가는 동안
속은 썩을 대로 썩어 있는 바다
풀이 죽어 저만치 물러나 있고
싹이 돋아야 할 산마저
몇 날 며칠 연기에 갇혀 있다

덤불 숲에 갇혀 있던
꼬리를 문 소문
소멸에 저항하며
계속 길어지고 있는 3월 9일*

난장을 위한
틈 벌리는 혀는 내 것이었으나
갈라진 틈 붙이는 것은 먼 나라의 일

천왕문에 들어서서

마니차를 돌리고 또 돌렸다
불온한 소문을 없애달라
틈새를 메워달라
대웅전 부처님께 불공을 드렸다

젖줄이 돌 듯
봄이 온산을 빙 둘러야 하는데
대웅전 처마 아래 목어
꽃잎을 열어야 하는데,
모두 숨죽인 날

미황사 동백은 마른 등신불로 피고
목어는 황사 덮인 하늘로 가고 있다

*20대 대통령 선거일.

종로 2가 사거리 신호등

종로2가 종각 방향
주말이 코앞인 금요일 저녁
사방에서 조여오는 오후 여섯 시

아파트차단기 열고 나온 차들
지하로부터 지상으로 올라 온 차들로
먹통인 종로 사거리
종각으로 가는 길
맥 못 추고 있다

손안에 세상 거머쥔
교회 첨탑 위 절대자
너 가는 곳 어디냐,
묻는다

한 곳만 우러러보는 수없이 많은
눈, 눈, 눈들
거만하게 내려다보기만 하는
사이비 교주

빽빽하게 길 위에서 차만 빨아들일 뿐
출구는 없다

산다는 게 늘 빡빡해
사방이 벽이라고
출구 하나 있었으면 좋겠다던
당신,

내가 길을 여는 신호등이었다면
당신 앞길에 햇살 들었을까
지금 서 있는 지점 바뀌었을까

꽃의 자살

한때, 땅속 깊은 어둠
떨쳐내지 못해 사방을 떠돌았으나
모두 내려놓았다

차가운 바닥 가르고
옹이로 박힌 아픔, 간신히
침묵으로 일어서던 날
목이 길어진 봄, 만발했다

둥글게 흔들리는 법은
허공의 몫으로
낭창하게 휘어지는 법은
나뭇가지의 몫으로 남겨놓았다

환장하는 봄
당신의 등으로
꽃의 주검 분분하다

바람과 맞닿은 나무의 심장
푸르디푸른 역사 읽는 중이다

4부

갯벌 신화

색의 궤적

종로 5가 깊숙한 지하 주차장
여덟 시 방향으로 휘어진 곳 돌다 보면
검은색 붉은색 파랑색 얽히고설켜 있다

뒤죽박죽 섞인 색의 궤적
새벽 일찍 식당마다 채소 나르느라
눈 비비며 다녀갔을 농부
한 건의 실적이라도 더 올리려고
서둘렀을 영업사원
도시 한복판 교통체증에 대비해
한밤을 낮처럼 일했을 노동자

직각을 곡선으로 만드느라 부딪혔을
삶의 자국들이
지하 주차장 벽,
백악기 화석처럼 새겨져 있다

그 흔적들 겹치고 겹쳐
검은색으로 변해도

제 색을 찾아내는 사람을 안다

캄캄한 밤을 하얗게 밝혀 길 한 가닥 여는 사람

불면

잠 못 들게 하는 것들

코 고는 소리
금속성의 단말마
바퀴들의 움직임
통통거리는 발자국의 나열
소리, 소리, 소리들
15층 지층 사이 화석으로 굳어져 있다

아이의 숨소리 들으며
단잠을 잔 적도 있었다

엄마의 품처럼 포근한 잠
과거의 그 지점
다시는 돌아갈 수 없는,

미명이 걷히는 시간
안면도 가는 길
새벽을 담은 AB지구
바다에 멈추어 섰다

밤을 하얗게 새우고 돌아 눕는
당신의 등 너머
창백한 파도, 불면을 읽는다

단독 콘서트

뮤즈의 지나온 무대가
빛으로 번쩍거린다

그의 삶은 카멜레온

바닥에서부터
엉기면 엉기는 대로
비틀리면 비틀리는 대로
발화하는 스텝

눈물로 흐르는 시간

단 한 자루 삽으로
세월을 부수기도 하고
일으켜 세우기도 한,

그렇게 살다가
단 한 번 연 콘서트,
불길, 하얗게 부서진다

단독 콘서트 알림
불빛 번쩍거린다

야생 유전

밤 11시 집으로 가려고 고속도로를 달리는데 왜 그렇게 눈이 감기는지 집으로 가는 시간 늦추고 휴게소에서 잠을 청했다 눈 감자마자 잠이 들었나 보다 눈을 뜨니 새벽이다 정신을 차리고 밖으로 나왔다

아뿔싸! 유목민의 게르라니

거친 들판을 달려 목숨을 부지하던
유목민의 후손들처럼
군데군데 짐 실린 트럭에서 잠든 전사들
어느 부족을 점령하고 쉼표 찍고 있는 것일까

날이 어두워지면
할아버지 찾으러 길을 나섰던 유년의 저녁
진종일 논바닥을 뒤진 날이면 술은
할아버지의 야생본능을 부추겼을 것이다

할아버지 유전인자
간밤 내 몸에 발현한 것은?

고속도로를 달려 집으로 돌아가는 시간
저들은 아직 북방의 어느 산
바람의 갈기 쩍쩍 가르며 말을 달리고 있으리라

하늘로 간 물고기

2022년 8월 어느 날 외진 도시 빌라에서 죽은 지 20여 일 만에 발견된 50대 남자 욕조에 누운 채로 있었으나 형체를 알아볼 수 없었으므로 사인 불명, 주변 사람 중 아는 사이, 아무도 없었다

물고기였을까
욕조 속 그 남자

흑백사진 안에서 정지한
지느러미 사라진 물고기

물살을 가르지 못하는 삶의 무게 내려놓고
묵비권 행사 중이다

하늘로 가는 궤도 안착한 방식은
그 남자의 선택 사항,

툭 불거져 앙다문 아가미
뱉어내지 못한 독백

무엇을 고민하였던 것인가

오십 년 산 육신 벗어 던지고
비로소 도착한 하늘,
오늘은 쾌활하신가

첨부파일 로딩 중

공정한 사회

거꾸로 돌아가는 시계는 없는 걸까
머리카락이 쭈뼛 서는구나
몸서리가 쳐지는구나

10월 29일 아침
밥 먹으라고 깨우니까 너는 밀린 잠 더 자겠다고
이불 속으로 쏙 들어갔었지
저 이불 속에 네가 꿈틀거리고 있을 것만 같아 자꾸 들춰본다
만지고 싶은 내 새끼, 손을 뻗어도 닿질 않네

약속 있다고 지하철역으로 뛰어가던 10월 29일 저녁이 지금이라면 좋겠다
그럼 가지 말라고 손을 꼭 잡고 놓지 않았을 텐데
아니면, 지하철에서 내리기 바로 전 시간이라도 좋겠다
이태원역에서는 서지 말라고 기관사 붙들고 사정이라도 해 보게
아니면, 이태원 협곡 들어서기 바로 전
그것도 아니면,

10월 29일 밤 9시 59분이라도 좋겠다
그것도 정말 아니면
'우리 딸, 지켜주지 못해 정말 미안해'
이 말 한마디, 할 시간만이라도 허락된다면 진짜 좋겠다

그래, 지금 벌어진 모든 일들, 꿈속이라고 하자
꿈꾸는 중이라고 하자
눈뜨면 언제 그런 일이 있었냐는 듯
'엄마 배고파 밥 줘' 하면서
현관문 밀고 들어서는 네가,
내 눈앞에 있기를…

은행잎은 왜 이리 미치게 샛노란지 모르겠네, 네가 들어선 그 그늘은, 넘치는 인파에 꽉 끼어 숨을 쉬지 못 할 때,
새파랗게 죽어갈 때,
모른 척하는 어른들은 없겠지

너희가 구해줄 거라고 믿고 기다리던 어른들은
깊은 잠에 빠져 있지는 않겠지

이런 나라도 아닌 나라는 아닐 거야.
하긴 우리에게 언제 맑은 하늘이 있기는 했었나
이제라도 멈췄던 숨 맘껏 쉬렴. 내 새끼,

맛있는 시
-옥종 시인에게

잡채를 읽기 시작하는데
꿈벅거리는 눈빛이 보인다

오늘은 또 얼마큼의 막걸리로
하루를 지탱했을까

붉어진 취기로 밤새
써 내려갔을 문장들

종일토록 함께 지낸 물성들은 오늘
얼마나 부화한 것인가

미각으로 꾹꾹 누르고
맨손으로 다독이며 차린 진수성찬
맛없는 것들이 없다

저만치 놀래미 한 마리
퍼더덕 퍼더덕 별빛을 친다

공정한 사회 2

11월 6일 일요일 오전 10시 15분
지하철 타러 가다가
샌드위치 파는 카페에 들어간다

샌드위치와 오렌지 주스를 주문하고 1인 탁자에 앉았는데

당산역 6번 출구 계단,
오르내리는 사람들 피해
검은색 옷으로 온몸을 가린 사람
쭈그리고 앉아 있는 게 보인다

스마트폰 화면엔 서울 시청 분향소 사진

이태원 협곡 참사로 희생된 아이들 목숨
국화꽃으로 피어 있고

분향소 앞 고개 숙이는 대통령 사진

오늘이 여섯 번째
다시 촛불 든 국민들

시청앞 광장, 차도 빽빽하게 들어차 있는 사진 올라와 있다

나는 짜디짠 미국산 치즈가 들어간 샌드위치와
미국산 오렌지 주스를 브런치로 먹는다

여기는 투썸플레이스,
세상은 얼마나 공정한가

북한에서는 오늘도 무언가를 쏘아 올렸다고 한다
젠장

갯벌 신화

오랜만에 모인 안면도 바람아래 친구들 돼지국밥 시켜 놓고 봉인되었던 과거를 풀어 놓느라 목 길게 빼고 차례를 기다린다 떡잎부터 잘 자라야 한다는 구실로 선생님들은 어떻게든 핑곗거리를 만들어 벌세우고 몽둥이로 때렸다 구구단 못 외운다 때리고 손에 때가 많다고 때렸다 키 작은 우리에게도 먹을 것이 중요 했던 그때 우리가 잘하는 거라곤 갯것 잡는 일밖에 없었다 엉덩이 시퍼렇도록 때린 것은 아마 갯벌의 씨를 말리려고 한 음모였다고 서로들 침 튀긴다

가진 것이라곤
갯벌밖에 없는 부모들 만나
서럽게 영글기까지
생의 길목마다 마주쳤을 요철들
아프다

조각난 신표
얼추 맞아 들어간다

국제 시장 지나는 길
순동이가

'씨앗 호떡 사먹자' 한다

그 소리에 우르르 몰려가 줄을 섰다
갯벌의 아이들로
가로세로 뛰어다닐 때
선생님 호각 소리에
줄을 서듯
줄서서 씨앗 호떡을 받는다

한 뿌리라는 걸 증명하고 처음 먹는 양식

아픔과 슬픔 이기고
꿈틀거리는 씨앗들
신화, 도모 중이다

시인의 마당

-안시표 시인

가슴에 현무암이 박혀 있는 시인을 안다

시내를 벗어난 제주는
숨도 거칠게 쉬지 못했다던 그때

아버지는 약에 의지해 살았다고 하고
마당에선 옷매무새 흐트러진 엄마
울고 있었다고 한다
동네 사람들이 한차례 다녀갈 때면
할아버지는 먼 바다만 보고 있었다고…
흔들림 없이 시를 읽어 내려간다

가장이 약봉지를 들고 살았다는 시인의 마당
생각하는데,

다른 시인들이 무슨 생각에 멈춰 있는지
왜 뚫어지라 글씨만 보고 있는지
생각하지도 않고
시만 줄줄 읽어 내려간다

어느 날은 알아듣지도 못하는 사투리
시 속에 첨벙첨벙 던져놓고 설명도 없다

그렇게 재미없던 시인이
그답지 못한 이야기를 던졌다

“조선대학교가 배 만드는 학교인 줄 알고 진학했어요.”

김씨의 화장장

그제 새벽이슬 비치더니
문이 열렸다

마지막으로 김씨가 하신 일은
눈을 딱 감은 것이다

이제 그는 이곳을 잊을 것이다
그의 문밖 세상은
찬란할 것이다

길게 늘어선 국화꽃의 향연

저 문을 열기 위해
긴 시간 얼마나 빙빙 돌았던가

미친 듯 널뛰기도 했을 것이다
가끔은 갈대가 속울음 삼키는 걸 생각하기도 했을 것
이다

활활 타오르는 통증 이기고

산도를 빠져 나가는 그

남겨진 사람들의 통성 기도는
문밖 세상 안착을 위한 것이다

방생

지느러미를 달고 싶었다

수조에 잡아 놓았던 물고기 방생하는 사람들,
등을 둥그렇게 말고 있다

수조 안에 한정 되었던 물고기들의 시선이
수조 밖으로 바뀌는 시간이다

갯벌 끝이 어딘가 무작정 집을 나섰던 유년이 있었다.
개 짖는 소리에 언덕도 못 넘고 벽에 부딪혔다. 둠벙의 깊이와 붕어 지느러미, 물방개 발톱 물살을 가르는 톱니를 들여다보다 물속에서 자맥질하던 시간도 있있다.

나를 바다로 밀어 넣는 것은
수조 밖을 나선
물고기가 부러워서 그러는 것이 아니다

온몸에 돋아난 지느러미가
자꾸만 바다로 가자고 한다

연꽃

홍성 문화원 건너
역재 방죽 큰가시연

저 꽃을 피우느라
햇빛 쥐어짜더니
하늘,
바닥 드러나 침침하다

무성하게 번져 손조차 댈 수 없는
울울한 가시 사이
신새벽이면 얼굴 내미는 꽃

캄캄한 어둠 이기고
물 밖으로 얼굴 내민 꿈꾸는 섬

■해설

삶과 시대의 아픔에 공명하는 생명력의 언어

박 시 영
(시인·문학평론가)

주선미 시인은 제3시집 『통증의 발원』, 제4시집 『플라스틱 여자』에 이어 올해 다섯 번째 시집 『지도에 없는 방』을 상재하였다. 해마다 새 시집을 발간하는 시인의 열정 앞에서 경외감이 느껴진다. 그동안 발표된 주선미 시인의 시세계를 범박하지만 한마디로 표현한다면 올곧다, 정의롭다, 생명력과 희망을 노래한다고 말할 수 있다. 생명의 의미와 생명의 소중함을 실현하는 것이야말로 삶의 진실이라 생각하는 시인에게 시 쓰기는 무엇일까.

자신의 삶을 돌아보는 시간을 통해 세상과 나를 사랑하고 구원하는 것, 다양한 인간의 삶에서 따뜻함과 생명력 있는 시선을 표현하는 것이다. 주선미 시인에게 그러한 시 쓰기는 온갖 어려움을 극복하면서도 인간다운 삶과 진실을 구현하는 길을 찾는 일이다. 이번 시집의 서시 「11월, 그 저녁」에 서도 시인은 그와 같은 시선의 연장을 보여준다.

사진 한 장에 묻어온
기억 속 어느 지점, 내 유년의 마당
거기쯤, 있을 늦가을
생각을 한다

마른 잎들 바스락거리며
담 밑으로 모여들기 시작하면 엄마는
누런 콩 가마솥에 붓고
메주 만들 준비에 들어갔다

장작을 가득 문 아궁이
마른 솔잎에 불붙이면
마지막 남은 늦가을이 한꺼번에 타올랐다

솥뚜껑 틈새로
콩이 끓어오르면
부뚜막에 앉은 네 명의 남매 쫑알거리는 소리
엄마의 웃음소리
아버지의 헛기침
할머니는 휘휘 저어 놓았다

고구마 한 바가지

펄펄 끓어오르는 콩 속에 넣고
가마솥 뚜껑을 덮으면
그 안에서는 무슨 일이 벌어질까
왜 그렇게 궁금했는지

군침 넘어가는 그 저녁
고구마 단물 끈끈하게 달라붙도록
부엌에서 익어가던 이야기들
그 저녁의 온기로
내 청춘은 키가 자랐고
배고픈 저녁을 견뎠고
책을 읽었다

안부처럼 사진 한 장에 묻어온
유년의 늦가을 저녁

-「11월, 그 저녁」 전문

인간이 살아가는 지상의 풍경을 먼 거리에서 바라보면 아늑하고 따뜻하고 쓸쓸해진다. 특히 유년의 어느 지점에 있는 풍경들은 가슴을 파고들며 여운을 남긴다. 시집의 서시 「11월, 그 저녁」의 '사진 한 장에 묻어온/ 유년의 늦가을 저녁'은 삭막해진 우리의 마음을 온기로 가득 채운다. 가마솥에 메주콩이 끓어오르면 부뚜막에 앉은 네 명의 남매가 쫑알거리고, 엄마가 웃고 아버지가 헛기침을 하는 부엌의 정경 속에 독자는 오래오래 머무르고 싶어진다. '마지막 남은 늦가을이 한꺼번에 타오르는' 아궁이 앞에서 고구마 익어가는 단물 끈끈한 가족의 이야기가 피어나는 이미지는 얼어붙은 마음을 사르르 녹여줄 것만 같다. 그러하다. 시인은 '그 저녁의 온기로 내 청춘은 키가 자랐고/ 배고픈 저녁을 견뎠고/ 책을 읽었다.' 인간의 삶에서 따뜻한 기억이야말로 우리를 어려움 속에서도 살아가게 한다. 시인은 '마른 잎들 바스락거리는' 늦가을의 쓸쓸함은 따뜻한 유년의 기억에 불을 지펴 언 몸을 녹이고 있는지도 모른다. 그리하여 삶이 어려울 때마다 인간살이에서 따뜻함의 소중한 가치를 소환하는 것이다. 서시를 통해 시인은 우리에게 시집의 처음이 어디에서 시작하여 어디로 흘러갈 것인지를 암시해주고 있다.

인간적인 삶의 애환

주선미 시인은 소외되거나 연민이 가는 우리 주변의 다양한 인간상을 형상화하거나 시인이 경험한 현실을 생생하게 표현하여 현실에 대한 사유를 표현해왔다. 즉 인간다운 삶을 가로막는 사회현실에 대한 비판의식과 개인이 경험하는 인간적인 삶의 애환과 성찰이 주요 소재가 되었다. 이번 시집도 현실인식과 개인적 경험의 연장선에 있다. 현대시에서 시 속의 '나'는 시적 주체의 일부이고 현실의 나와 완전히 일치할 수는 없다.

그러나 개인적 경험이 배어있는 시를 읽다보면 시인의 인간적인 삶의 애환을 읽어내기 마련이다. 보통 은유나 비유

로서 개인적 상황을 감추는 것이 일반적이지만 개인의 경험을 사실적으로 진술하였을 때, 구체화된 정황이 가져오는 인간적 공감과 감동이 깊다.

엄마 생일이라고 동생들이 안면도 내려와서
밥하고 반찬 만드는 동안
밤새 시 쓴다고 헛짓만 하다
갯바닥에 깔린 노을을 보며 마당으로 들어섰다

잘 되는 게 아무것도 없어
가족들 볼 면목이 없어진 나
큰 딸이라는 무게, 짓눌려 어깨가 펴지지 않는다

목구멍으로 꾸역꾸역 밥을 밀어 넣는데
큰누나는 챙길 사람도 없으며
왜 그렇게 늦게 오냐
그러려면 다음부터 오지 마라
막내동생 밥알 튀겨가며 나무란다

옆에서 수저만 달그락거리던 엄마
이야기를 끊느라
미역국을 더 달라고 하는데 말끝으로
쌕쌕 소리가 딸려 나왔다

기운이 없거나

기분이 나빠졌을 때
숨이 차오르기 시작하면
엄마 가슴에 사는 새들은
쌕쌕 소리를 낸다

큰딸은 살림 밑천이라는데
살림 밑천과 너무나 멀다
늘 엄마 가슴에 통증으로
못처럼 박혀 있는 나를
엄마 가슴에 사는 새는 아는 것이다

-「엄마 가슴에는 새 한 마리 산다」 전문

큰딸은 집안의 살림밑천이라는데 큰딸이면서도 잘 되는 게 아무것도 없는 시적 자아는 엄마 생신날 밤새 시를 쓴다고 뒤늦게 집안에 들어선다. 동생들은 고향집에 먼저 와서 밥하고 반찬 만드는 동안 큰딸이 늦게 도착한 것이다. 그걸 보던 막내동생이 그러려면 다음부터 오지 말라고 한소리를 한다. 집안의 큰누나가 막내동생에게서 나무라는 소리를 듣는 정황이 드라마의 장면을 보듯 생생하다. 가족들 볼 면목이 없는 시적 자아는 큰딸 노릇을 하지 못한다는 자책감과 함께 가족 안에서 불편했던 마음이 이 시를 쓰게 했으리라. 큰딸이 엄마 가슴에 못처럼 박힌 통증으로 남아 있다는 사실을, 그럼에도 엄마만이 자신의 마음을 알아준다는 아픔에 목이 메었을 모습이 떠오른다. 가족 안에서 이해받지도 인

정받지도 못하는 외로움을 짊어진 시인의 인간적인 아픔이 잘 전달되고 있다. 시인과 시적 화자의 거리가 너무 가까워 개인의 삶이 노출된다는 점과 미학적 거리가 부족하다는 단점이 있지만 구체적 형상화를 통한 생생한 전달은 공감의 폭을 넓히고 있다.

> 썰물 때가 되면
> 햇빛 반사되는 집 앞 갯벌은
> 눈부시다
>
> 엄마가 따온 굴 구워 먹는다고
> 가족들이 모여 안 마당이 들썩였다
> 돌을 쌓아 망을 걸고
> 붉은 다라이 가득 담긴 굴
> 장작불 붙인 곳으로 끌고 오는데
> '낙지다'
> 누군가 소리쳤다
> (중략)
> 활활 타오르는 장작불 위
> 타닥타닥 벌어지고 있는 굴 껍데기들
> 뒷담화하느라 바쁜
> 가시 돋은 혀들로 보인다
>
> 시를 쓴다고 도착한 지점
> 날고 싶은 도시 한가운데였으나

매일 시작하는 행간은 고립의 연속

비집고 들어갈 자리 찾느라
헤집고 또, 헤집었다
그럴수록 단단해지는 벽
뒤로 돌아갈 수 없고
하루를 보낸다는 것이 아득했다

으르렁거리는 장작불과 가시 돋친 혀
연관성을 찾다가
굴 껍데기 속으로 묻어 들어간
낙지 몸통에 생각이 멈춰 섰다

시끌벅적한 소리도 잦아들고
다라이도 붉은 바닥이 드러났다
납작 엎드린 낙지 몸통이 보인다

달라붙어 떨어지지 않는 것을
억지로 떼어 내었다
아픔을 이겨낸 내공
바닥에 착착 새겨져 있다

-「낙지에게서 한 수 배우다」 부분

썰물 때가 되면 집 앞에는 눈부신 갯벌이 있고 엄마가 직접 따온 굴을 안마당의 장작불에 구워먹을 수 있는 곳에서 시인은 나고 자랐으리라. 순박하고 공동체적인 자연과 환경 속에서 자란 그가 시를 쓰겠다고 도시로 올라와, 사람들 속에 정착하기 위해서는 얼마나 많은 역경이 있었을까 짐작하기 어렵다. 시적 자아는 장작불 위에서 타닥타닥 벌어지는 굴 껍데기를 보며 생각한다. 날카롭게 벌어지는 굴 껍데기에서 남의 뒷담을 일삼는 가시 돋친 혀의 이미지를 본다. 본격적으로 시를 쓰기 위해 도착한 도시에서 그는 날 수 있으리라 생각했지만 고립의 연속이었다. 들어갈 자리를 찾기 위해 비집고 헤집었지만 벽은 단단하기만 했다.

굴이 담긴 붉은 다라이 속에 담겨 있던 낙지를 헤집어 찾아보다가 결국 찾기를 포기한 한참 후, 다라이 밑바닥에 납작 엎드려 있는 낙지를 발견한다. 떼어도 떨어지지 않을 만큼 바닥에 착 달라붙어 있는 낙지였다. 그 순간 '아픔을 이겨낸 내공'으로 낙지처럼 살아남는다는 것의 의미를 미물인 낙지로부터 깨닫게 된다. 붉은 다라이 속 낙지는 굴 껍데기를 보호막으로 삼아 그 속으로 은신하지도 않았고, 샛길을 찾아 요리조리 공포의 손길을 피해 다니지도 않았다. 다만 있는 힘을 다해 빨판의 힘으로 다라이 맨 밑바닥에서 뿌리내린 듯 버티었다. 억지로 떼어내도 떼어지지 않을 만큼 단단하게 요지부동의 힘으로 버틴 것이다. 시인은 살아남기 위한 삶의 방법을 미물의 지혜를 통해 알려주고 있다.

째진 그녀의 눈을 보았는가

암막에 가려진 비밀까지
샅샅이 찾아내는 눈초리,
칼이다

둘러쳐진 게 많을수록
세가 불어나는 여자

옹송그린 세상 틀어주는 힘,
쩌렁쩌렁한 목청,
그 누구도 따라갈 자 없다

막힌 귀 뚫리라고 흔드는 요령소리
알록달록 치장한 무복
부채 가득 저승을 펼쳐 든다

신명이라고 받아든 생전 구차한 시간
작두날에 베어 낸다

듣지 못하는 화백의 손
화선지 위 내밀한 무녀의 세상
하얀 선 밖으로 밀어내지 못한다

-「무녀도」 전문

이 시는 김기창 화백이 그린 무녀도를 대상으로 쓴 시이다. 째진 눈, 칼 같은 눈초리, '쩌렁쩌렁한 목청' '알록달록 치장한 무복'의 이미지를 통해 화려하고 강인한 무녀를 그리고 있다. 무당은 우리사회에서 소외된 자의 이름이며 온갖 어려움을 털고 일어서는 의지적인 인간상이다. 시적 자아는 이런 무녀에 자신을 투사하여 자화상 같은 무녀도를 그려낸다. 그래서 자신의 이상적인 정체성을 찾고자 한다. '부채 가득 저승을 펼쳐 든' 무녀처럼 시인 또한 시 쓰기를 신명이라고 받아들이지 않았겠는가.

그러나 신명이라고 받아든 생은 구차했고 그는 그 구차함을 무녀처럼 작두날에 베어낸다. 결국 작두날 위에서 춤을 추는 무녀의 행위와 종이 위에서 시를 쓰는 시인의 행위는 닮은꼴이다. 이렇듯 무녀와 중첩되어 있는 시적 자아는 마지막 결구에서 '화선지 위 내밀한 무녀의 세상/ 하얀 선 밖으로 밀어내지 못한다'라고 말한다.

이 시에서 하얀 선은 화선지의 끝을 말하는지 혹은 금기의 선을 말하는지 분명하지는 않다. 어찌되었건 작두 위에서 압도하듯 춤을 추는 무녀의 세상이 밖의 세상 즉, 현실에서 제대로 펼쳐지지 못한다는 의미로 읽힌다. 그 말은 곧 시적 자아 또한 종이 위에서만 한을 풀 듯, 온갖 말의 춤을 추었을 뿐 현실에서는 그만큼 실천하지 못한다는 깨달음을 자각한 것이다. 각성을 통해 실천적인 삶으로의 의지를 확인하는 것이다. 무녀도에 빗대어 시인의 정체성을 은유적으로 형상화한 절창은 주선미 시인다운 언어미학의 가능성을 보여준다.

내면적 변화의 징후

이제까지 주선미 시인의 시적 형식은 시적 자아의 진술, 독백, 묘사를 통해 하나의 대상과 하나의 주제에 집중해 왔다. 대부분 경험적 리얼리티가 강한 그의 시는 시적 화자와 시인과의 거리가 가까워 진솔한 언어로 대상을 명료하게 형상화한다. 그런데 이번 시집에 수록된 시편 「디아스포라」에서 미묘한 징후를 발견한다. 정확히 말하자면 현실의 대상을 실재감 있게 그려 보이는 그간의 형상화의 틀을 벗어난다. 우선 자아와 세계 사이의 균열과 갈등을 드러내는 혼돈스런 시적 주체가 등장한다. 자아와 세계와의 단절이나 세계의 위력 앞에 무너져 내리는 자아의 고통과 불화를 표출하고 있는 것이다. 자아와 세계와의 동일성 보다는 불일치, 고통을 표출할 때, 시가 긴장감을 더해주며 극적인 맛이 더해진다고 했을 때 그러한 시도는 시적인 미학을 견인해내려는 새로운 확장이라고 느껴진다. 나아가 시적 형상화 방법으로 자아의 내면을 은유적으로 드러내며 경험적 공간이 아닌 상징적 공간을 시적 장치로 끌어들이고 있다.

벽을 세운 같은 극의 자석
사방으로 세운 도시

떠밀리고 또 떠밀리다

낱낱이 흩어져
불빛 떠도는 한강 복판으로 들어온 너는

돌아가고 싶은 곳은
버석거리는 모래집

뿌리내리고 싶은 도시는
검은 속을 드러내지 않는 바다 위

입안의 혀처럼 눈빛을 건너다니지만
얕은 바람에 흔들리기만 할 뿐

세밑 구석진 골목
어딜 찾아봐도
정착할 곳 없는, 이방인
뿌리내리지 못하고 떠돌아야 하는,

-「디아스포라」 전문

이 시에서는 어떤 상황에서도 고단한 삶을 위로하듯 정의롭고 따뜻한 생명력을 찾아내던 시인의 시선은 오갈 곳 없이 배회한다. 세상과 사물을 바라보는 그의 시선에 미묘한 변화가 있다. 그런 변화는 시인에게는 시세계의 확장을 위해서 좋은 징조이다. 세계관의 확장을 의미한다고 볼 수 있기 때문이다. 그동안 여러 권의 시집을 통해 그가 보여준 세계는 고단한 삶에 대한 위로와 생명력의 발견, 세계의 바른 모습을 찾으려는 집요한 노력들이다. 마치 그것만이 황폐한 세상을 사랑하고 구원하는 방법이라는 듯 시인은 일관된 세계관으로 노래해 왔다. 그러나 시인은 이제 더 많이, 더 깊게 아파 보인다.

시적 자아가 현재 있는 곳은 '벽을 세운 같은 극의 자석/ 사방으로 세운 도시'이다. 그 도시는 같은 극의 자석처럼 서로를 밀어내며 사방으로 벽을 세우는 곳이다. 시적 자아는 그런 도시의 '불빛 떠도는 한강 복판으로 들어'온 것이다. 그곳에서 그가 '돌아가고 싶은 곳은/ 버석거리는 모래집'이며 '뿌리내리고 싶은 도시는/ 검은 속을 드러내지 않는 바다 위'이다. 이 구절은 그의 상실감과 더불어 아무도 의지할 수 없게 된 고독감이 드러난다. 이 도시의 사람들 사이에서 시적 자아는 '입안의 혀처럼' 사람과 사람 사이의 '눈빛을 건너다니지만' '얕은 바람에 흔들리기만 할 뿐'이다. 그는 이 도시의 이방인이며 뿌리내리지 못하고 떠돌아야 하는 디아스포라라는 자신의 정체성과 마주한다. 도시 난민과 같은 시적 자아의 고달프고 아픈 정체성 확인은 한 걸음 더 나아간다.

내 유년의 중심 운여
그 깊은 소용돌이 속으로
꺼지듯 빨려들어 간 적이 있다

물 밖으로 나가려고
얼마나 안간힘을 썼는지 모른다

얼마나 빙빙 돌았는지 모른다

손을 뻗으면 달아나고
또 달아나던 출구
골짜기에서 자꾸만 밀려드는 바닷물
주변 맴돌던 아득한 소리
우우웅 우웅 우우웅

엄마 젖을 빨던 힘으로
출구를 향해
물고기처럼 뛰어 올랐을 때
물 밖에서는
아무 일도 일어나지 않고 있었다

여전히 엄마 바구니에선
바다가 들석였고
바지락 등 비비는 소리
온 바다를 흔들고 있었다
(중략)
출구를 향해
물살을 가르는 작은 손

소용돌이 거슬러
튀어 오르려는 유년의 바다

-「운여를 만나다」 부분

시적 자아는 대상이 잡히지 않는 메타버스 공간을 체험하며 그의 유년의 중심이 되었던 운여를 떠올리게 된다. 소용돌이를 일으키는 운여의 물살에서 거슬러 튀어 오르려 했던 자신의 유년을 되돌아보는 것이다. '내 유년의 중심 운여/ 그 깊은 소용돌이 속' 이라고 객관적으로 규정지을 수 있다는 건, 그만큼 깊숙이 자신의 삶을 성찰했다는 의미이다. 깊은 무의식 속에 자리한 유년의 주체를 제대로 파악할 수 있을 때, 우리는 자신의 삶이 어디서 어떻게 움트고 성장했는지 거리를 두고 객관적으로 바라볼 수 있게 된다.

시인은 유년 풍경을 '물속의 검은 구멍, 그 소용돌이 거슬러 튀어 오르려는 유년의 바다' 로 묘사하고 있다. 물속의 검은 구멍은 비단 안면도 바다 아래에 있는 바위 숲인 '운여'의 형태 묘사만은 아니다. 시적 자아가 겪은 유년의 중심에는 운여가 있고 그것은 물속의 검은 구멍이다. 물속은 그의 유년이 몸을 담그던 세계의 전부이며 그 곳에서 운여는 시적 자아를 벗어나지 못하게 만든 검은 구멍으로 확장된다. 유년에 자리한 검은 구멍의 실체는 시에서 다음과 같이 드러난다.

바다 밖은 아무 일도 일어나지 않고 있지만 시적 자아의 무의식을 반영하는 바다 속은 '깊이 박힌 햇살'이 아래로 소용돌이를 일으키고 '물 밖으로 나가려고 출구를 향해' 튀어 오르는 곳이다. 튀어 올라온 물 밖은 '여전히 엄마 바구니에선 바다가 들썩'이고 '바지락 등 비벼대는 소리'가 '온 바다를 흔들고 있'는 정겹고도 안정된 공간이다. 그러나 안정된 세계의 이면은 출구를 찾기 위해 버둥거려야 했던 검은 구멍의 '운여'가 있는 세계이다. 검은 구멍은 근본적인 존재의 결핍이다. 시적 자아는 평온한 줄만 알았던 자신의 유년에서 욕망의 결핍과 존재의 구멍을 마주하고 있다. '빨려 들어가지 않으려고/ 물을 거슬러 오르는/ 콕콕 박힌 구멍들'은 존재의 심연이다. 그리고 현재의 시적 자아는 매일의 삶에서 그 심연을 마주한다.

먹을 것을 찾다가
라면을 끓였다
간단히 꾸린 살림이라 김치도 없고
아침에 끼적거리다 말았던
김치찌개 냄비째 상에 올려놓았다
냉장고 문을 열어
차가운 곳에 유폐시켰던 밥 한 덩이 꺼냈다

며칠째 모른 척 했다고
삐친 애인처럼 독이 올라 곤두서 있다
뜨거운 라면에
다독다독 풀어 밥 한술 뜨는데
눈물이 왈칵 쏟아진다

주인이 실종된 번지에
뿌리 없는 언어들
검푸른 형용사로 자라났으나

마음에 두지 않았다

조금만 더 힘내자고
쓰러지지 말자고
서로 등 기대고 스크럼을 짰다
무엇을 이룬다는 게 이런 것이구나

모두 내려놓고 빈손으로 돌아섰다
그런데, 어디서 놓지 마라 한다
욕심을 채우라 독촉한다
내 배후에 누군가 있는 것이 틀림없다

-「밤 열두시 라면을 끓이는 이유」 전문

시적 자아의 진솔한 독백으로 이루어진 이 시에서 시인은 무슨 연유인지는 모르지만 간단히 꾸린 살림 속에서 혼자서 밥을 먹는 일상을 보여준다. 식은 밥덩이를 라면에 말아먹고 있는 그의 눈에서 눈물이 쏟아질 만큼 누추하고 외로운 밥상이다. 그런데 이 외로움과 힘겨움은 '무엇을 이룬다는 게 이런 것이구나' 하는 구절을 통해 시적 자아가 무엇을 이루기 위해 겪는 고통의 과정인 것을 알 수 있다.

3연의 구절은 시적 자아가 이루려고 하는 것이 무엇인지를 암시해준다. 즉 언어, 형용사라는 환유로서 시세계를 언급하고 있는바 '주인이 실종된 번지에 뿌리 없는 언어들/ 검푸른 형용사로 자라났으나 마음에 두지 않았다'라는 구절이다. 시인이 평소 잘 쓰지 않는 추상적인 개념어를 대상으로 상징적으로 표현하는 점이 눈에 띤다. 즉 그가 이루려고 하는 것 그것은 시의 언어와 관계된 것임을 짐작하게 한다. 시적 자아가 추구하는 삶의 진실을 구현하기 위한 시의 세계는 '서로 등 기대'는 따뜻한 언어일 것이다. 그런데 '주인이 실종된 번지에 뿌리 없는 언어들' 의 표현으로 보아 명확하지 않고 부유하는 주체가 등장하는 시의 세계는 시인에게 뿌리 없는 언어들로 느껴진다.

여기서 주체라는 개념을 확인해 보자. 인간이라는 주체를 연구한 라캉은 넓은 범위에서 유럽 지성의 담론을 이끌어낸 인물이다. 그는 정신분석학적으로 인간의 주체는 어떻게 구성되는가를 거울단계를 통해 이야기했다. 즉, 거울 속에 있는 자신의 이미지를 유아가 처음 만나게 됨으로써 이후의 자기 정체성 형성에 영향을 준다는 것이다. 그리고 그것을 통해 허구적인 자기투사가 만들어진다고 말한다. 거울 속의 이미지를 통해 타자에게서만 자신의 통일성을 발견하는 존재인 주체는 그래서 스스로 자신의 통일성을 지니지 못하는 허구적인 존재라고 라캉은 말한다. 그런 라캉의 주체는 불교에서 말하는 무아無我와 흡사하기도 하다. 현대시는 이런 주체 개념을 시에 끌어와 시적자아와 세계와의 동일성에 기반한 서정시에 영향을 주고 있다.

전통적이고 자기 독백적인 시에 익숙한 시적 자아는 그 같은 시어에 대해 '검푸른 형용사로 자라났으나'로 표현한다. 여기서 검푸르다는 표현은 밝지 않고 곰팡이가 핀 것처럼 우중충함을 나타낸다. 또한 '형용사로 자라났다'는 것은 명사를 수식하는 형용사의 기능을 생각해보면, 사물 혹은 대상을 장식하는 기능에 그치는 언어를 의미하는 것으로 보인다. 시적 자아는 그와 같은 시세계를 '마음에 두지 않았다'고 고백하는 것으로 보아 그런 언어에 부정적임을 알 수 있다. 자신이 지향하는 언어의 세계가 아니라고 판단한 것이다. 조금만 더 힘내서 서로 등 기대고 스크럼을 짜는 그런 언어와 시세계를 이루기 위해 손을 놓지 말고 욕심을 내야 한다고 자신을 채근한다. 여기서 시인에게 드러나는 변화의 징후는 확장적 언어로의 변화이다. 익숙한 시세계가 아닌 낯선 언어와의 만남이 가져온 시어를 향한 고투와 시세계의 정체성을 확인하는 모색의 과정을 보여주고 있다.

인간다운 삶을 향한 현실 인식

주선미 시인은 주변의 소외되고 아픈 사람들, 묵묵히 땀 흘리며 일하는 사람들, 이웃들의 모습을 들여다보면서 물신 위주의 자본주의 현실을 냉철하게 바라보는 시선을 보여주었다. 인간에게 고통을 주는 억압과 차별, 인간의 고유성이 말살되는 세계의 횡포, 삶과 죽음이 분리되는 세계의 무지는 시인에게 고통의 근원이면서 끝없는 시의 원천이 되는 것을 알 수 있다.다음의 시에서 확인해보자.

도시 지하 주차장에 딸린 화장실

문을 밀고 들어서다가
흠칫 놀라 물러섰다

화장실 바닥 한쪽에 라면박스 깔고 덮고
등을 보이는 사람

쭈뼛쭈뼛 눈치 보다 볼일 보고 나오는데
저 사람 신경은 어디에 닿아 있을까
생각했다

문 여는 소리
다가오는 발걸음 소리
소변 떨어지는 소리

저이의 곤두선 신경은
얽히고설킨 도시 지하
꾸불꾸불한 지도 그리며
숨어들어야 할 지점 찾진 않았을까

음흉한 눈길 어디 없는지
샅샅이 훑고 다녔는데
그만의 꿈꾸는 성에 진입한 자
내가 아닐까

구석진 다락방에 들어가

나만의 성을 쌓던 유년이 있었다

아무도 초대하고 싶지 않았던
내 정신의 천정

-「지도에 없는 방」 전문

이 시의 시적 자아는 어느 날 지하 주차장에 딸린 화장실에 들어섰다가 화장실 바닥 한쪽에서 라면 박스를 깔고 덮은 채 등을 보이는 노숙인을 본다. 그 순간 아무도 초대하고 싶어 하지 않은 그의 공간에 함부로 들어간 침입자가 된 미안함을 느낀다. 도시 지하 공간에서는 헌 박스와 함께 뒹구는 노숙인을 흔히 볼 수 있다. 대부분의 사람들은 그들의 모습에 눈길을 보낼 여유 없이 스치듯 살아간다. 아침 출근길 북적이는 지하철, 종종거리며 뛰어가기 바쁘거나, 근무에 시달린 퇴근길에도 북적이는 차량에 몸을 싣고 귀가하기 바쁜 도시인들이다.

그러나 시적 자아의 눈에는 소외된 것, 아픈 것, 쓸모없는 것, 버려진 것, 하찮은 것들 모두 지금을 함께 살아가는 생명들의 다양한 모습으로 느껴질 뿐이다. 값어치의 높고 낮음이 아닌 이생에 소외되고 버려진 것들의 아픔이 그의 마음을 찌르는 것이다. 오히려 자신이 더 쭈뼛거리며 눈치보고 상대의 입장이 되어보는 것이다. '저 사람 신경은 어디에 닿아 있을까', '도시 지하 꾸불꾸불한 지도 그리며 숨어들어야 할 지점 찾진 않았을까' 라고 헤아리다가 노숙인의 화장실 귀퉁이를 '그만의 꿈꾸는 성'이라고 표현한다. 타인은 함부로 그의 성에 진입해서는 안 되며 다녀가더라도 조심스럽게 상대의 세계를 존중해야 한다고 은근히 말하고 있는 것이다. 도시 한복판에서 가족도 집도 없이 심란한 몸을 이끌고 하루하루 살아가야하는 한 존재를 바라보는 시적 자아의 자세를 읽을 수 있다.

목을 조여오는 황사
육중한 무게 피할 곳 없어
맑은 하늘 찾아가는 길

남쪽 하늘로 가는 동안
속은 썩을 대로 썩어 있는 바다
풀이 죽어 저만치 물러나 있고
싹이 돋아야 할 산마저
몇 날 며칠 연기에 갇혀 있다

덤불 숲에 갇혀 있던
꼬리를 문 소문
소멸에 저항하며
계속 길어지고 있는 3월 9일

난장을 위한
틈 벌리는 혀는 내 것이었으나
갈라진 틈 붙이는 것은 먼 나라의 일

천왕문에 들어서서
마니차를 돌리고 또 돌렸다
불온한 소문을 없애달라
틈새를 메워달라
대웅전 부처님께 불공을 드렸다

젖줄이 돌 듯
봄이 온 산을 빙 둘러야 하는데
대웅전 처마 아래 목어
꽃잎을 열어야 하는데,
모두 숨죽인 날

미황사 동백은 마른 등신불로 피고
목어는 황사 덮인 하늘로 가고 있다

-「하늘로 가는 물고기」 전문

제20대 대통령 선거일이 3월 9일이었다. 그때도 여느 봄처럼 황사가 심했나보다. 시적 자아는 맑은 하늘을 찾아 남쪽으로 내려가는 길에 황폐하게 변해가는 자연을 본다. '속은 썩을 대로 썩어 있는 바다'와 '몇날 며칠 연기에 갇혀 있'는 산을 본다. 인간을 영원히 품어줄 것만 같았던 자연은 오늘날 기후 위기며 자연 재해를 일상적으로 보여주고 있다. 가뭄, 대형산불, 집중호우, 산사태는 도미노로 이어지고 사람들은 식탁의 저녁뉴스에 등장하는 자연재해를 날마다 목

격하기에 이른다.

이런 상황에서 시적 자아가 답답한 것은 황폐해져가는 자연 때문만은 아니다. 대통령 선거를 코앞에 두고 상대 후보를 비방하는 '꼬리를 문 소문'들이 난장판을 이루고 있는 정치적 상황도 자연 재해만큼이나 답답하게 느껴지는 것이다. '틈 벌리는 혀는 내 것이었으나/ 갈라진 틈 붙이는 것은 먼 나라의 일'이라고 개탄한다. 이와 같은 총체적 난국 속에서 시적 자아가 할 수 있는 일은 대웅전 부처님께 불공을 드리는 일뿐이다. '젖줄이 돌 듯 봄이 온 산을 빙' 두르게 해달라는 것과 대중을 불러 모으는 데 쓰이는 불전사물인 목어가 꽃을 피우게 해달라는 숨죽인 기도를 드린다. 그렇지만 시적 자아의 바람과는 다르게 미황사의 자랑인 동백나무는 죽어나가고, 눈을 뜨고 깨어 있는 대중을 상징하는 목어는 잘못 든 길로 가고 있다. '미황사 동백은 마른 등신불로 피고/ 목어는 황사 덮인 하늘로 가고 있다'는 표현이 그것이다. 이렇듯 이 시에는 시적 자아의 정치현실에 대한 인식이나 자연 생태적 현실인식이 그대로 드러나 있음을 알 수 있다.

제5시집에 이르기까지 주선미 시인은 이웃들의 삶이나 정치현실에 대하여, 혹은 생태 현실에 대하여 정의로운 현실인식을 보여주었다. 전 지구적 생태 위기를 맞고 있는 오늘날, 시는 위기상황에 대한 현실인식과 이를 바탕으로 시인 자신의 각성을 통해 생명공동체를 위한 다양한 의지를 모으는 역할을 수행해야 한다. 그렇지 않고 시인들이 거대 자본의 논리에 예속되거나, 그 위력 앞에 좌절하는 파편화

된 삶의 정서에 매달린다면 희망이 없다. 이런 점에서 주선미 시인은 오늘날의 위기상황에 대한 현실인식을 바탕으로 삶의 진실을 향해 나아가는 새롭고 보편적인 이념을 창출하는데 앞장서는 역량을 보여줄 것이라 기대한다. 밑바닥을 살아가는 이웃들의 아픔에 누구보다도 생생하게 공감하는 시인의 장점이 부각되는 언어미학의 일보를 기대하며 미흡한 해설을 마친다.

지도에 없는 방

찍은날 2022년 12월 20일
펴낸날 2022년 12월 30일
지은이 주선미
펴낸이 박몽구
펴낸곳 도서출판 시와문화
주 소 13955 경기 안양시 동안구 경수대로883번길 33,
103동 204호(비산동, 꿈에그린아파트)
전 화 (031)452-4992
E-mail poetpak@naver.com
등록번호 제2007-000005호(2007년 2월 13일)
ISBN 978-89-94833-85-9(03810)

정 가 12,000원

*본 시집은 2022년도 충남문화재단 문예진흥기금 지원을 받아 제작되었습니다.